Succession de M. M...

VENTE faite salle 7, les 16 et 17 juin, par M· **BAUDOIN** et **WARIN** et MM. FERAL, MANNHEIM, PAULME et LAS-QUIN.

(Suite et fin)

Produit : 101.668 fr.

Objets variés

169. Garniture de toilette en argent, maison Taburet : 520. — 170. Plat long et 5 plats ronds en argent : 700. — 189. Salière forme de sarcophage bronze doré et argent, anc. trav. italien : 500. — 190. 2 médaillons-bustes, portraits d'homme et de femme en pâte sur fond bleu : 175. — 191. Petit buste en marbre blanc de Voltaire, XVIIIᵉ s.: 455. — 192. Statuette d'enfant nu en marbre, anc. trav. italien : 155. — 197. Groupe bois sculpté XVIIᵉ s., la Vierge debout portant l'Enfant Jésus : 325. — 198. Baromètre-thermomètre bois sculpté et redoré, ép. L. XVI : 260. — 200. Console-applique bois sculpté et doré ép Régence : 235.

202 Christ ivoire, cadre bois sculpté doré, XVIIIᵉ s.: 230.

Bronzes

211. Pendule-applique marqueterie cuivre sur écaille ornée de bronzes, ép. L. XIV : 1.090. — 214. Cartel en bronze doré surmonté d'un vase, ép. L. XVI : 880. — 215. Pendule marbre blanc et bronze doré à mouvement supporté par 4 colonnettes, ép. L. XVI : 1.150. — 218. 2 flambeaux-cassolettes, comm. XIXᵉ s.: 610. — 219. Petit groupe, le Baiser dit de Houdon, comm. XIXᵉ s.: 350. — 222. Figurine Mercure assis, anc. trav. ital.: 670. — 230. Pendule et 2 candélabres : 400.— 234. 2 candélabres composés vase porcelaine blanche, bouquet de lumières en bronze : 830. — 235. Lustre bronze garni cristal : 670.

Meubles

236. Console bois sculpté et redoré, ép. Régence : 750. — 238. Commode bois de placage ép. Régence : 490. — 240 Encoignure marqueterie de bois ép L. XV : 475. — 241. Commode marqueterie de bois de couleur, décor de fleurs, garni bronzes, fin ép. L. XV : 750. — 242. Canapé, 2 fauteuils et 4 chaises bois doré, couverts tapisserié ép L. XVI, à sujets des Fables de La Fontaine, à M. Velghe : 8 360. — 243. Bureau à dos d'âne bois de placage garni bronzes, ép. L. XV : 750. — 244. Table-coiffeuse marqueterie ép. L. XVI : 285. —

245. Ecran bois noir, feuille tapisserie au point, XVIIIᵉ s.: 255. — 246. Glace, cadre bois doré, fin XVIIIᵉ s.: 250. — 248. Table-bureau bois de placage garnie bronzes : 450.

CATALOGUE

DES

OBJETS D'ART

ET

D'AMEUBLEMENT

FAIENCES DE DELFT, ROUEN, ALCORA, SCEAUX, ETC.

PORCELAINES DE CHINE ET AUTRES

BIJOUX — OBJETS VARIÉS — ARGENTERIE

PENDULES — BRONZES

Meubles

SIÈGES EN TAPISSERIE DU TEMPS DE LOUIS XVI

TABLEAUX ANCIENS ET MODERNES

Par

BOILLY, L. BONNET, N. DIAZ, J. MOLENAER, SWEBACH,

VALLIN, C. DE VOS, ETC.

AQUARELLES — DESSINS — GRAVURES

Dont la Vente par suite du décès de Monsieur M...

AURA LIEU A PARIS

HOTEL DROUOT, SALLE N° 7

LES VENDREDI 16 ET SAMEDI 17 JUIN 1911

à deux heures

COMMISSAIRES-PRISEURS

Mᶜ **HENRI BAUDOIN**   Mᶜ **RAYMOND WARIN**

Successeur de M. Paul CHEVALLIER   *Successeur de Mᵉ BARTAUMIEUX*

10, rue Grange-Batelière   45, rue de Rome

EXPERTS

Pour les Tableaux :   *Pour les Objets d'art :*

M. JULES FÉRAL   **MM. MANNHEIM**   **MM. PAULME & B. LASQUIN Fils**

7, rue Saint-Georges   7, rue Saint-Georges   10, rue Chauchat | 11, rue Grange-Batelière

EXPOSITION PUBLIQUE

Le Jeudi 15 Juin 1911, de 1 heure 1/2 à 5 heures 1/2

CONDITIONS DE LA VENTE

Elle sera faite au comptant.

Les adjudicataires paieront *dix pour cent* en sus des enchères.

ORDRE DES VACATIONS

Le Vendredi 16 Juin

Le Samedi 17 Juin

Paris. — Imp. de l'Art, Ch. Berger, 41, rue de la Victoire.

DÉSIGNATION

AQUARELLES, DESSINS

GRAVURES

ALLONGÉ

1 — *Le Pont rustique.*

Dessin au crayon noir et à l'estompe.
Signé à droite.

BOISSIEU
(JEAN-JACQUES DE)

2 — *Portrait d'Homme.*

Dessin au lavis d'encre de Chine rehaussé de bistre.

BOTH
(Attribué à JEAN)

3 — *Bergers et animaux au bord d'un lac italien.*

Dessin à la plume, au lavis d'encre de Chine et au bistre.

LANGENDYK
(THIERRY)

4 — *L'Incendie.*

Aquarelle gouachée.
Signée à gauche et datée : *1802.*

MASSON
(ANTOINE)

5 — *Portrait d'Homme dans un médaillon.*

Dessin à la mine de plomb.
Signé et daté : *1663.*

RICKHART

6 — *Constructions, figures et animaux.*

Dessin à la plume et au lavis d'encre de Chine.
Signé et daté : *1805.*

SCHOTEL
(J.-C.)

7 — *Un Port de pêche.*

Dessin à la plume et au lavis d'encre de Chine.
Signé et daté : *1810.*

STRY
(ABRAHAM VAN)

8 — *Cour de ferme.*

Dessin au lavis de sépia.
Signé et daté : *1823.*

TAUNAY
(D'après)

9 — *Noce de village.*

10 — *Foire de village.*

11 — *La Rixe.*

12 — *Le Tambourin.*

Suite de quatre gravures en couleur, gravées par
Descourtis.

VERNET
(CARLE)

13 — *Le Marchand de chevaux.*

14 — *Intérieur d'écurie.*

Deux gravures faisant pendants, par Coqueret.

VERNET
(Attribué à CARLE)

15 — *Un Cavalier oriental.*

Aquarelle.

ÉCOLE FLAMANDE
(XVIIᵉ siècle)

16 — *Femmes prenant une collation.*

Dessin à la mine de plomb.

ÉCOLE HOLLANDAISE
(xviiᵉ siècle)

17 — *Bergers et animaux sur une route.*
Dessin au crayon noir.

ÉCOLE HOLLANDAISE

18 — *L'Abreuvoir.*
Dessin au crayon noir et à l'encre de Chine.

19 — Sous ce numéro, qui sera divisé, seront vendus des dessins, gouaches, gravures non catalogués.

TABLEAUX ANCIENS

ET MODERNES

BOILLY
(LOUIS-LÉOPOLD)

20 — *Portrait de Jeune Femme en buste.*

Robe blanche et écharpe rouge drapée sur l'épaule.

Toile. Haut., 22 cent.; larg., 18 cent.

BONNAT
(LÉON)
(D'après DERAINE)

21 — *Portrait d'Homme.*

Toile. Haut., 65 cent , larg., 53 cent.

DIAZ
(NARCISSE)

22 — *La Clairière.*

Une femme suit un chemin creux, bordé à droite et à gauche de rochers et de grands arbres.

Signé à gauche.

Bois. Haut., 31 cent.; larg., 21 cent.

GOYEN
(Attribué à JEAN VAN)

23 — *Le Chemin du village.*

A droite, des constructions rustiques animées de personnages.

Signé à gauche du monogramme.

Toile. Haut., 31 cent.; larg., 52 cent.

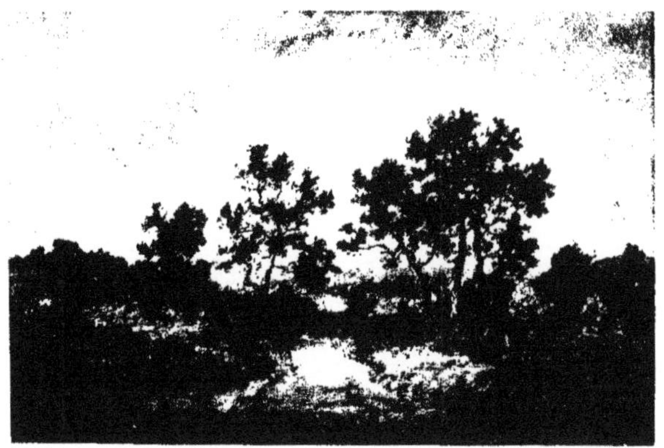

22

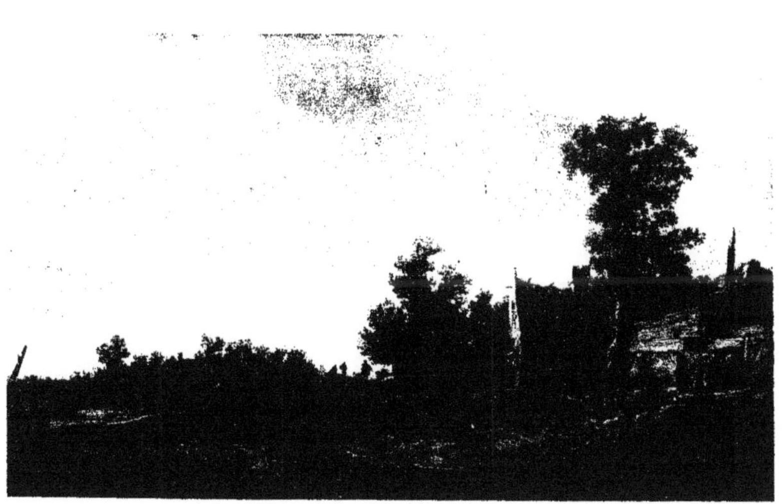

23

GUARDI
(Attribué à)

4.050
Mardi

24 — *La Piazetta et le Palais des Doges à Venise.*
Toile. Haut., 46 cent.; larg., 54 cent.

MOLENAER
(JEAN)

1.045
Paulme

25 — *Le Loqueteux.*
Bois. Haut., 12 cent.; larg., 11 cent.

POURBUS
(École de)

480
Vicomte Vigier

26 — *Portrait de Henri IV.*
Bois. Haut., 38 cent.; larg., 25 cent.

RIGAUD
(Attribué à HYACINTHE)

500
Daire

27 — *Portrait d'un Archevêque.*
Toile. Haut., 1 m. 85 cent.; larg., 1 m. 35 cent.

SWEBACH
(ÉDOUARD)
(DEUX PENDANTS)

500
Vicomte Vigier

28 — *Scènes de camp.*
Bois. Haut., 16 cent.; larg., 17 cent.

TCHOUMAKOFF

1 a.

29 — *Jeune Femme en buste.*
Signé à gauche.
Bois. Haut., 25 cent.; larg., 20 cent.

2

VALLIN

30 — *Baigneuse.*

Bois. Haut., 18 cent.; larg., 16 cent.

VOS
(CORNELIS DE)

31 -- *Femme en buste.*

Bois. Haut., 42 cent. ; larg., 35 cent.

WORMS
(J.)

32 — *La Lecture du poëme.*

Signé et daté : 1865.

Toile. Haut., 40 cent.; larg., 32 cent.

ÉCOLE ALLEMANDE
(xviiᵉ siècle)

33 — *Ville au bord d'un lac.*

Bois. Haut., 28 cent.; larg., 42 cent.

ÉCOLE ANGLAISE

34 — *Figures humoristiques.*

Bois. Haut., 15 cent.; larg., 14 cent.

ÉCOLE FRANÇAISE

(XVIIIᵉ siècle)

(DEUX PENDANTS)

35 — *Portrait de Madame Favart.*

36 — *Portrait de Monsieur de Voisenon.*

Bois. Haut., 19 cent., larg., 15 cent.

ÉCOLE HOLLANDAISE

(XVIIᵉ siècle)

37 — *Femme en buste.*

Signé à droite d'un monogramme.

Bois. Haut., 12 cent.; larg., 15 cent.

ÉCOLE MODERNE

38 — *Jeune Fille nue étendue.*

Toile. Haut., 22 cent.; larg., 32 cent.

39 — Sous ce numéro, qui sera divisé, seront
vendus des tableaux non catalogués.

FAÏENCES VARIÉES

40 — Plat ovale, chargé de reptiles en ronde bosse, en faïence d'Avisseau, d'après Palissy.

41 — Petite boîte à épices en faïence persane.

42 — Couvercle, décoré de fleurs. Ancienne faïence de Rouen.

43 — Compotier, orné d'une rosace en bleu. Ancienne faïence de Rouen.

44 — Grand plat rond en ancienne faïence de Rouen, décoré d'une rosace en bleu.

45 — Écuelle avec couvercle en ancienne faïence de Rouen, décorée intérieurement et extérieurement de feuilles et de rocailles, avec la date *1749* sous l'écuelle.

46 — Cache-pot côtelé, décoré en bleu de lambrequins, en ancienne faïence de Rouen.

47 — Hanap-casque, décoré de lambrequins en bleu, en ancienne faïence de Rouen.

48 — Hanap-casque, décoré en bleu de corbeilles de fleurs et d'un mascaron. Ancienne faïence de Rouen.

49 — Deux coupes sur piédouches avec couvercles en ancienne faïence de Rouen, à décor de lambrequins en bleu et jaune.

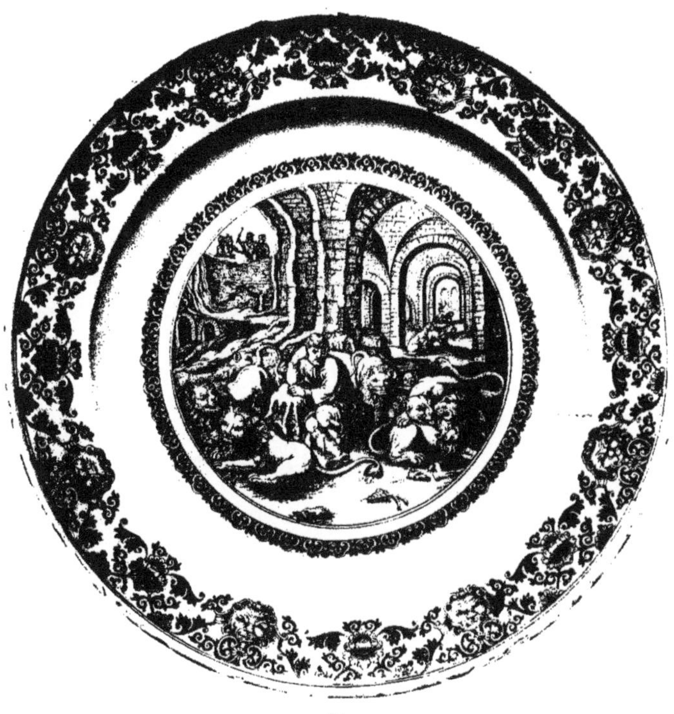

64

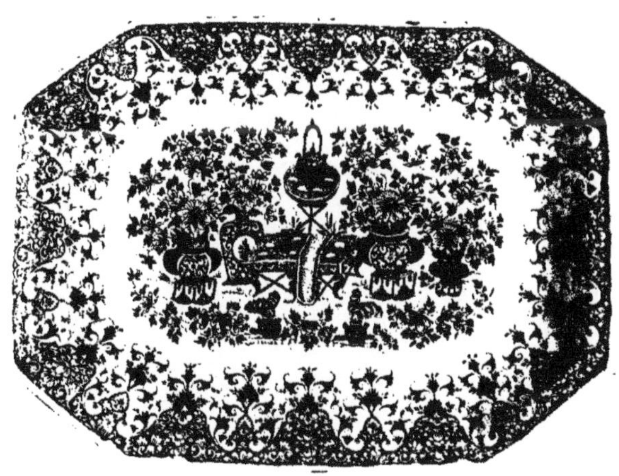

50

50 — Plat creux oblong à pans coupés en ancienne faïence de Rouen, décor bleu et rouge : ustensiles, vases de fleurs et lambrequins.

Larg., 46 cent.

51 — Plat long à angles coupés en ancienne faïence de Rouen, décor bleu : corbeille de fleurs, avec lambrequins au marli.

52 — Fontaine-applique avec couvercle, décor de lambrequins en bleu et rouge. Ancienne faïence de Rouen.

53 — Assiette, décorée d'un paysan donnant à manger à ses cochons. Bordure à rocailles. Ancienne faïence de Rouen.

54 — Trois assiettes, décor à la corne. Ancienne faïence de Rouen, l'une d'elle marquée *Dieul*.

55 — Boîte à épices avec couvercle, à décor de lambrequins en bleu. Ancienne faïence de Rouen.

56 — Saucière, décorée de rinceaux en bleu. Ancienne faïence de Rouen.

57 — Jardinière oblongue à pans coupés en ancienne faïence de Rouen ; lambrequins en bleu et rouge.

58 — Assiette à bords festonnés, décorée de petits Chinois dans un paysage. Ancienne faïence de Sinceny.

59 — Bassin ovale en ancienne faïence de Moustiers : le Char d'Amphitrite.

60 — Saucière, décorée de fruits, en ancienne faïence de Lorraine.

61 — Vase surbaissé, avec couvercle repercé, en ancienne faïence de Sceaux. Il est décoré de médaillons à sujets de jeux d'enfants, reliés par des guirlandes de fleurs. Anses coquilles, bouton de couvercle également à coquilles.

Haut., 25 cent.

62 — Dix-huit assiettes, décorées de fleurs, en ancienne faïence de Marseille.

63 — Plateau oblong à deux anses en ancienne faïence de Marseille, décoré d'une corbeille de fleurs; bordure à fond vert.

Larg., 47 cent.

64 — Grand plat rond en ancienne faïence de Moustiers, décor bleu d'après Tempesta : Daniel dans la fosse aux lions.

Diam., 54 cent.

65 — Deux bouquetières-appliques avec couvercles, de forme contournée, à décor de fleurs polychromes et de rocailles en camaïeu rouge. Faïence italienne du XVIIIᵉ siècle.

66 — Aiguière avec couvercle en ancienne faïence du Midi, à décor d'enfants jouant à la main-chaude.

67 — Deux burettes, décorées de fleurs, en ancienne faïence française.

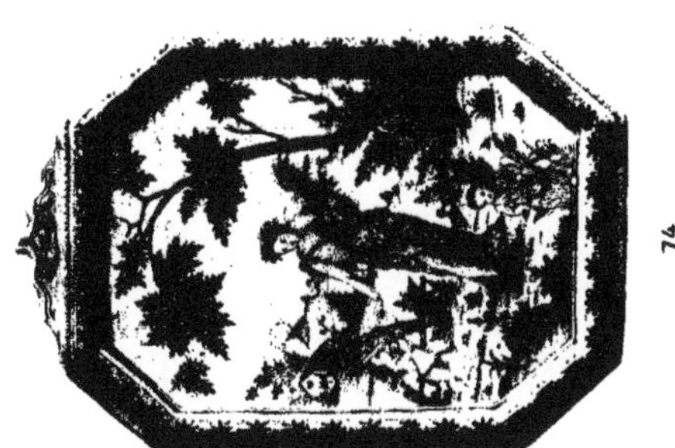

74

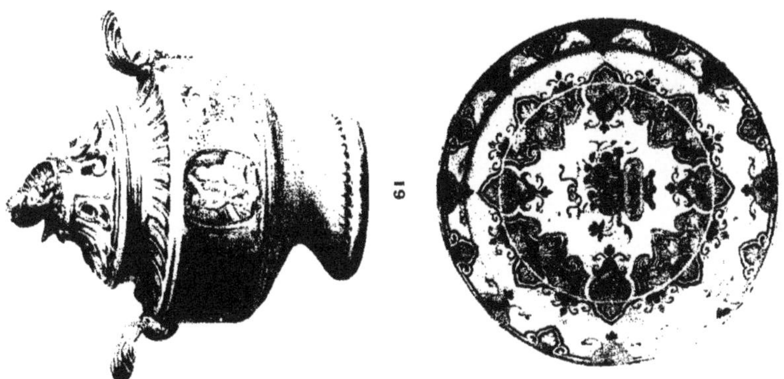

61

97

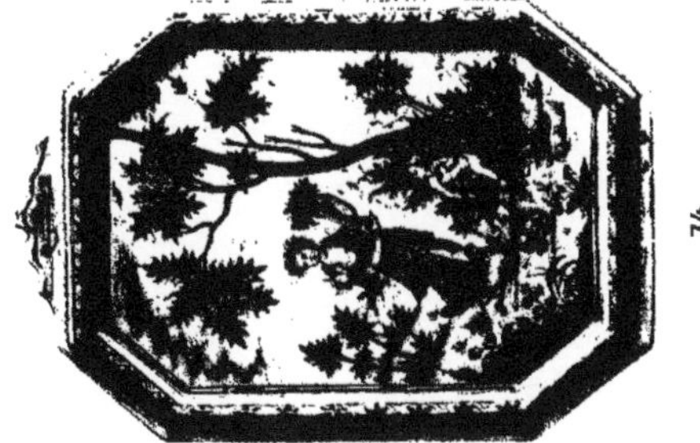

74

68 — Assiette, décorée d'une rose, en ancienne faïence de Strasbourg.

69 — Deux salières, décorées de fleurs. Ancienne faïence de Strasbourg.

70 — Deux cornets de pharmacie, à décor de médaillons-bustes. Ancienne faïence de Faenza.

71 — Bassin, forme coquille, décoré, au fond, d'un paysage, avec lambrequins à la chute. Ancienne faïence italienne.

72 — Deux assiettes, décorées de fleurs en relief. Ancienne faïence italienne.

73 — Deux cache-pots variés en ancienne faïence de Castelli, décorés l'un de fleurs et d'oiseaux, l'autre de personnages grotesques dans un paysage.

74 — Deux plaques octogones en ancienne faïence d'Alcora, atelier de Miguel Soliva : le Printemps et l'Été personnifiés par des figures allégoriques dans un paysage. L'une d'elles marquée : *M. P.*, l'autre : *Soliva Piezas.*

Haut., 25 cent.; larg., 17 cent.

75 — Petit plat long en ancienne faïence d'Alcora : Vénus et les amours au milieu de rocailles.

76 — Assiette, décorée d'une armoirie en bleu. Ancienne faïence de Goggingen.

77 — Coupe octogone à bords ajourés, décor en bleu : Vénus et l'Amour. Ancienne faïence allemande.

FAIENCES HOLLANDAISES

78 — Porte-huilier et deux burettes, décor de fleurs en bleu. Ancienne faïence de Delft.

79 — Deux assiettes en ancienne faïence de Delft, décorées sur fond bleu de quatre réserves cordiformes contenant des fleurs.

80 — Assiette en ancienne faïence de Delft, décorée de compartiments contenant des corbeilles de fleurs.

81 — Deux assiettes en ancienne faïence de Delft, décorées d'une corbeille de fleurs.

82 — Assiette en ancienne faïence de Delft, décor bleu et rouge de style japonais.

83 — Deux petits plats en ancienne faïence de Delft, décorés chacun d'une rosace contenant des fleurs et des oiseaux.

84 — Deux assiettes, décorées d'une rosace en bleu et rouge. Même faïence.

85 — Soulier, décoré de lambrequins en bleu. Ancienne faïence de Delft.

86 — Deux souliers en ancienne faïence de Delft, à décor de quadrillés sur fond jaune.

87 — Crachoir en ancienne faïence de Delft : oiseaux et fleurs de style japonais en bleu, rouge et or.

88 — Vase, forme corbeille, avec couvercle en ancienne faïence de Delft, décor bleu : médaillons contenant des fleurs et des paysages et se détachant sur un fond chargé de fleurs. La pièce est munie de quatre anses, dont une fixée au couvercle.

89 — Deux salières en ancienne faïence de Delft, décorées en bleu ; cavités à fond jaune. Marque *Duyn*. (J. Van Duyn.)

90 — Deux corbeilles ovales analogues, décorées de fleurs. Ancienne faïence de Delft.

91 — Deux bouteilles en ancienne faïence de Delft, décorées en bleu de fleurs et d'oiseaux. Marque de *Rochus Hoppestein*.

92 — Plaque carrée à angles rentrants en ancienne faïence de Delft, décor bleu : animaux au pâturage.

93 — Plat creux, décoré sur fond vert de quatre réserves cordiformes contenant des fleurs. Ancienne faïence de Delft. Marque de A. *Reygens*.

94 — Grand plat creux, orné d'un arbuste et de perdrix dans le goût japonais. Ancienne faïence de Delft. Marque de *J. Pynacker*.

95 — Deux lampes formées de bouteilles en ancienne faïence de Delft, à décor de fleurs et oiseaux dans le goût japonais.

3

96 — Gourde, forme balustre, avec son bouchon en
ancienne faïence de Delft, décor bleu: rochers,
fleurs et oiseaux. Marque de *L. Van Eenhorn*.

97 — Assiette en ancienne faïence de Delft, décorée
d'une corbeille de fleurs entourée de lambrequins,
en bleu, rouge et or, dans le style japonais,
Diam., 22 cent.

98 — Fontaine-applique avec son couvercle et son
bassin en ancienne faïence de Delft, décorée
d'un sujet galant, d'un personnage à la fontaine et d'une bergère endormie, ainsi que de
fleurs et de rocailles.
Haut. de la fontaine, 43 cent.; larg. du bassin, 36 cent.

99 — Plaque rectangulaire en ancienne faïence de
Delft, décorée en bleu d'un paysage animé, avec
fontaine au premier plan.
Haut., 28 cent.; larg., 34 cent.

100 — Plaque à bords festonnés en ancienne faïence
de Delft, décorée d'un arbuste et d'oiseaux.
Haut., 35 cent.

101 — Plaque à bords festonnés en ancienne faïence
de Delft, décorée d'un personnage chinois, d'un
arbuste, d'oiseaux et d'une araignée.
Haut., 35 cent.

102 — Deux plaques à bords festonnés, décorées
d'oiseaux, de fleurs et d'un lambrequin avec
coquilles à la bordure. Ancienne faïence de Delft.
Haut., 32 cent.; larg., 37 cent.

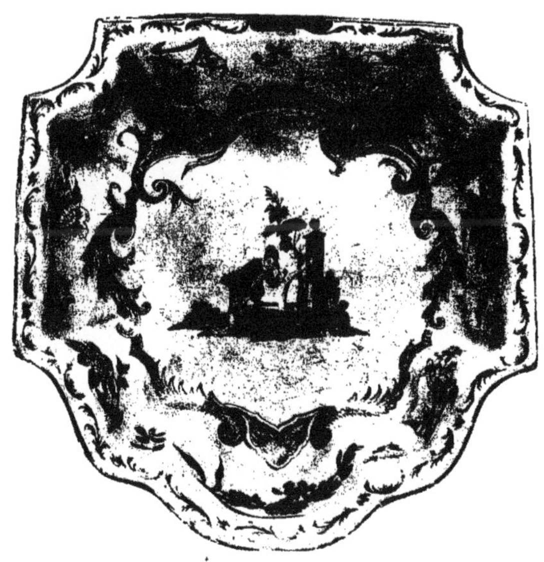

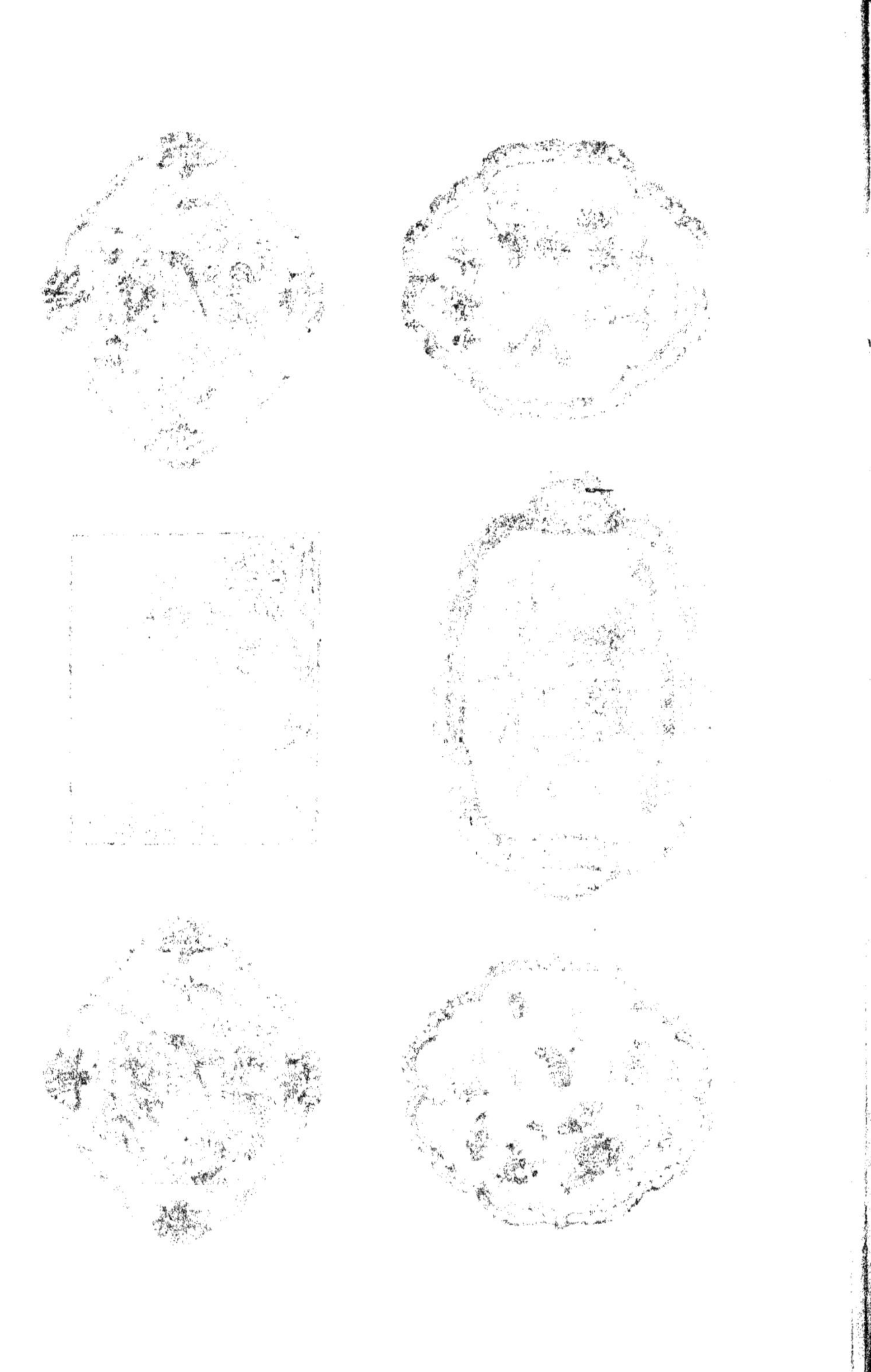

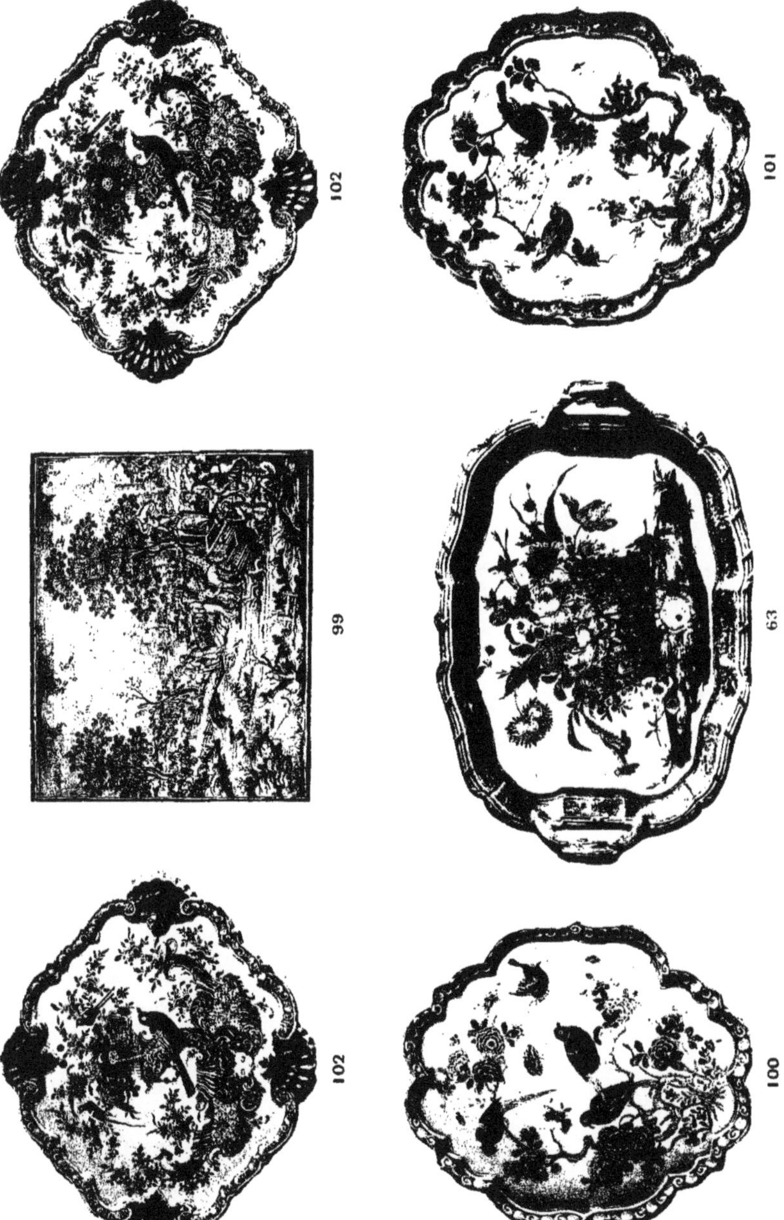
102
101
99
63
102
100

103 — Deux appliques, décorées en bleu, en ancienne faïence de Delft, avec bras de lumières en métal doré.

104 — Grande plaque, ornée d'une scène d'intérieur en bleu, avec l'inscription : *H. A. Loper*. Ancienne faïence de Delft.

105 — Encrier rond surbaissé, décoré en bleu. Ancienne faïence hollandaise.

PORCELAINES

106 — Aiguière avec couvercle, décor de lambrequins en bleu. Ancienne porcelaine de Chine.

107 — Petit vase, décoré de branches fleuries en bleu. Ancienne porcelaine de Chine.

108 — Plat à barbe, décoré de fleurs et lambrequins, en ancienne porcelaine de Chine.

109 — Deux salières rondes en ancienne porcelaine de Chine, époque Kien-lung; décor de fleurs.

110 — Pot à lait avec couvercle, tasse et soucoupe, décor de carrelages et réserves. Ancienne porcelaine de Chine, époque Kien-lung.

111 — Deux tasses avec soucoupes en ancienne porcelaine de Chine, à décor doré sur fond bleu.

112 — Tasse et soucoupe, décorées de coqs sur
fond doré. Ancienne porcelaine mince de la
Chine, époque Kien-lung.

113 — Pot à lait avec couvercle, tasse et soucoupe
décorés de lambrequins. Ancienne porcelaine de
la Chine. époque Kien-lung.

114 — Tasse et cinq soucoupes variées. Ancienne
porcelaine de Chine, époque Kien-lung.

115 — Six tasses avec soucoupes en ancienne porcelaine de Chine, décor de fleurs et oiseaux,
pourtour rouge d'or.

116 — Quinze assiettes, décorées de fleurs en rose.
Ancienne porcelaine de Chine.

117 — Assiette, décorée de volatiles et de fleurs.
Ancienne porcelaine de Chine, époque Kien-
lung.

118 — Deux assiettes en ancienne porcelaine de
Chine, époque Kien-lung, décorées de branches
fleuries et de lambrequins.

119 — Compotier en ancienne porcelaine de Chine,
époque Kien-lung : paysage animé.

120 — Compotier en ancienne porcelaine mince de
la Chine, époque Kien-lung, décoré d'une scène
familiale. Revers rouge d'or.

121 — Assiette octogone, décorée d'une corbeille de
fleurs ; marli rouge d'or à réserves. Ancienne
porcelaine de Chine, époque Kien-lung.

122 — Assiette octogone en ancienne porcelaine de
Chine, époque Kien-lung, décorée de fleurs et
d'un motif rayonnant; marli rouge d'or chargé
de branches d'aubépine ainsi que de lambrequins noirs fleuris.

123 — Deux petits cornets en ancienne porcelaine
de Chine, époque Kien-lung, à décor de fleurs et
de lambrequins.

124 — Potiche à pans avec couvercle en ancienne
porcelaine du Japon, décorée en bleu, rouge et
or : haie fleurie, arbustes et lambrequins.

125 — Deux statuettes en poterie japonaise : personnages assis.

126 — Médaillon-buste en ancien biscuit : tête de
personnage de profil sur fond bleu.

127 — Deux groupes en ancien biscuit de Sèvres :
le Maître et la Maîtresse d'école. Datés, l'un,
24 décembre 1764; l'autre, Sèvres, 28 décembre
1766.

128 — Tasse droite : rinceaux sur fond jaune. Ancienne porcelaine tendre de Sèvres.

129 — Tasse droite : personnages chinois sur fond
rouge. Ancienne porcelaine dure de Sèvres.

130 — Deux coquetiers émaillés bleu. Même porcelaine.

131 — Douze assiettes, décorées de fleurs, en ancienne porcelaine tendre de Tournay.

132 — Plateau ovale en ancienne porcelaine de
Saxe, décoré sur fond gaufré de fleurs et de
réserves fleuries; anses rocailles.

133 — Soupière ovale avec couvercle en ancienne
porcelaine de Saxe, décor de fleurs; bouton de
couvercle en forme de figurine.

134 — Théière et sucrier avec couvercles, pot à lait
et deux tasses en porcelaine de Saxe, décor de
paysans.

135 — Sucrier avec couvercle, décor de fleurs. Porcelaine de Berlin.

136 — Six couteaux à manches d'ancienne porcelaine d'Allemagne.

137 — Onze couteaux à manches décorés de fleurs.
Ancienne porcelaine d'Allemagne. Lames d'argent.

OBJETS VARIÉS, BIJOUX

138 — Miniature ronde : Buste de femme de profil.
Fin du xviiie siècle.

139 — Miniature : Portrait d'enfant. Cadre en argent repoussé.

140 — Miniature ovale : Femme nue debout.

141 — Miniature ronde ; Portrait de fillette en buste.

142 — Miniature ovale : Portrait de femme à mi-corps. Cadre en bois doré.

143 — Miniature ovale : Portrait de femme en corsage rose.

144 — Miniature ovale : Portrait de femme en corsage bordé de fourrure.

145 — Petit fixé rond : Danse de paysans.

146 — Miniature ovale : Portrait d'homme. Signée : *Pasquier*.

147 — Boîte à cure-dents en ivoire. Époque Louis XVI.

148 — Boite ronde en écaille brune, ornée d'une miniature : Portrait de femme en corsage violet, du temps de Louis XVI.

149 — Boite ronde en écaille blonde, ornée d'une miniature : Portrait d'homme en buste en habit violet, du temps de Louis XV.

150 — Boite ronde, décorée au vernis, ornée d'une miniature : Portrait de femme vêtue de blanc, du temps de l'Empire.

151 — Petite boite ronde en écaille brune lamée d'or.

152 — Boite ronde en écaille brune, ornée d'une grisaille : sujet allégorique.

153 — Couteau pliant à poignée plaquée d'écaille. xviiie siècle.

154 — Montre en cuivre gravé, du temps de Louis XIV.

155 — Montre en chagrin clouté de cuivre. Époque Louis XIV.

156 — Montre octogone en cuivre ajouré et gravé.

157 — Montre à double boîtier en or partiellement émaillé.

158 — Bague en or, ornée d'un brillant.

159 — Bague en or, ornée d'une émeraude et de deux brillants.

160 — Deux montres en or.

161 — Chaine de cou en or.

162 — Bague en argent à chaton intaille sur sardoine.

163 — Cafetière en argent. Époque Empire. Chiffrée.

164 — Verseuse en argent uni. Époque Empire.

165 — Gobelet en argent. Chiffré.

166 — Petite verseuse en argent, à décor de côtes en spirales.

167 — Coquetier en argent.

168 — Bougeoir en argent.

169 — Garniture de toilette en argent, à décor de rocailles, composée d'un pot à eau, d'une cuvette, de cinq boites variées et d'un récipient à éponge. Chiffrée. *Maison Taburet.*

170 — Plat long et cinq plats ronds en argent. Chiffrés.

171 — Moutardier en cristal et argent. Commencement du xixᵉ siècle.

172 — Sucrier en cristal et argent. Commencement du xixᵉ siècle.

173 — Chope en argent.

174 — Saucière en argent. Époque Restauration.

175 — Cave à liqueurs en argent, avec flacons de cristal. *Maison Taburet.*

176 — Coupe à anses plates en argent.

177 — Cinq pelles à sel en argent.

178 — Deux petites cuillers variées en argent.

179 — Sucrière-balustre en argent.

180 — Autre plus grande en argent. *Maison Taburet.*

181 — Quatre salières en argent et cristal. Commencement du xixᵉ siècle.

182 — Pince à asperges en argent.

183 — Quatre brochettes en argent.

184 — Dix-huit couteaux, manches en nacre; lames
en argent doré.

185 — Deux cuillers à ragoût et deux cuillers à
sucre en argent doré. Chiffrées.

186 — Cuiller à sucre en argent. Chiffrée.

187 — Onze cuillers à café en argent. Chiffrées.
Époque Empire.

188 — Vingt-neuf cuillers et vingt-neuf fourchettes
de table, dix-huit cuillers et dix-huit fourchettes
à entremets, douze cuillers à café et une louche.
Argent. Chiffrées.

189 — Salière en forme de sarcophage reposant sur
huit pieds, ornée de mufles de lions et surmontée
d'une figurine; elle est munie d'un couvercle et
de deux petits tiroirs. Bronze doré et argent.
Ancien travail italien.

190 — Deux médaillons-bustes : Portrait d'homme
et portrait de femme en pâte sur fond bleu;
l'un d'eux signé : *Brachard fecit, Mars 1793.*

191 — Petit buste, en marbre blanc, de Voltaire, les
épaules couvertes d'une ample draperie. Fin du
xviiie siècle.

192 — Statuette d'enfant nu en marbre. Ancien travail italien.

193 — Presse-papier en marbre noir, orné d'un bas-
relief en marbre blanc : tête d'enfant endormi.

194 — Cinq verres gravés variés.

195 — Support-trépied en fer.

196 — Coffret porte-missel en fer ajouré, à motifs gothiques.

197 — Groupe en bois sculpté du xviie siècle : la Vierge debout portant l'Enfant Jésus et foulant aux pieds le démon.

198 — Baromètre-thermomètre en bois sculpté et redoré, à fleurs et feuilles. Époque Louis XVI.

199 — Chaufferette en bois sculpté, à décor d'animaux et quadrillés, avec monogramme timbré d'une couronne. Époque Régence.

200 — Petite console-applique en bois sculpté et doré, à volutes et coquilles. Époque Régence.

201 — Console-applique en bois sculpté, à coquilles et fleurs.

202 — Christ en ivoire, dans un cadre en bois sculpté, doré et orné de petites glaces, à décor de têtes de chérubins, fleurs, feuillages et rocailles. xviiie siècle.

203 — Figurine d'amour, s'appuyant contre un casque, en ivoire.

204 — Deux pistolets d'arçon à silex.

205 — Un volume. Monuments de la vie privée des
douze Césars, d'après une suite de pierres et
médailles gravées sous leur règne. A Caprée,
chez Sabellius. 1782. Relié.

206 — Cruche en ancienne dinanderie, à déversoir
tête chimérique.

207 — Seau en cuivre repoussé, à décor de grif-
fons et vases.

208 — Plat en cuivre jaune.

209 — Coupe libatoire en bronze de la Chine, à
anse tête chimérique.

210 — Coupe libatoire en corne de rhinocéros
sculptée, à branchages et chimères. Chine.

PENDULES, BRONZES

211 — Pendule-applique en marqueterie de cuivre
sur écaille, ornée de bronzes dorés, tels que :
mascarons, encadrements, pieds, feuillages,
cadran, etc. Mouvement signé : *Gaudron, à
Paris*. Époque Louis XIV.

212 — Pendule, à cadran de cuivre repoussé et
doré. xviiᵉ siècle.

213 — Deux entrées de serrures en bronze doré, à
figures d'amours. xviiᵉ siècle.

214 — Cartel en bronze doré, surmonté d'un vase et orné de feuilles et de draperies, avec mascaron sur le cul-de-lampe. Époque Louis XVI.

215 — Pendule en marbre blanc et bronze doré, à mouvement supporté par quatre colonnettes. Cadran signé : *Guydamour, à Paris*. Époque Louis XVI.

216 — Deux flambeaux cannelés en bronze argenté. Époque Louis XVI.

217 — Deux flambeaux en bronze doré, tiges cannelées, bases à baguettes feuillagées et rangs de perles. Époque Louis XVI.

218 — Deux flambeaux-cassolettes en bronze patiné et doré, à trépieds terminés par des mascarons. Commencement du xixe siècle.

219 — Petit groupe en bronze patiné : le Baiser dit de Houdon. Piédouche en marbre blanc et bronze. Commencement du xixe siècle.

220 — Petit buste de personnage en bronze patiné. Piédouche en marbre blanc. Commencement du xixe siècle.

221 — Petit buste en bronze patiné de J.-J. Rousseau. Piédouche en marbre blanc. Commencement du xixe siècle.

222 — Figurine en bronze patiné : Mercure assis. Ancien travail italien.

223 — Statuette en bronze : Mercure, d'après Jean de Bologne.

224 — Buste en bronze, grandeur nature, de personnage, d'après l'antique du Musée de Louvre.

225 — Petit chat assis en bronze patiné.

226 — Presse-papier en marbre vert de mer, surmonté d'un chien en bronze.

227 — Porte-allumettes en bronze : tête de faune munie d'une anse.

228 — Deux flambeaux en bronze doré : personnages portant la douille porte-lumière.

229 — Pendule religieuse plaquée d'écaille, incrustée de filets de cuivre et ornée de bronzes dorés : figure du temps, chutes, pieds, etc.

230 — Pendule et deux candélabres à trois lumières en bronze doré.

231 — Deux chenets en bronze. Modèle à galerie surmontée d'une lyre et de deux pommes de pin.

232 — Deux chenets en bronze. Modèle à galerie surmontée de deux pommes de pin.

233 — Deux appliques à quatre lumières en bronze doré. Modèle à cariatides de femmes tenant les bras de lumières.

234 — Deux candélabres à trois lumières, composés chacun d'un vase en porcelaine blanche d'où s'échappe le bouquet de lumières en bronze.

235 — Lustre en bronze, garni de pendeloques et pyramides en cristal. Disposé pour l'électricité.

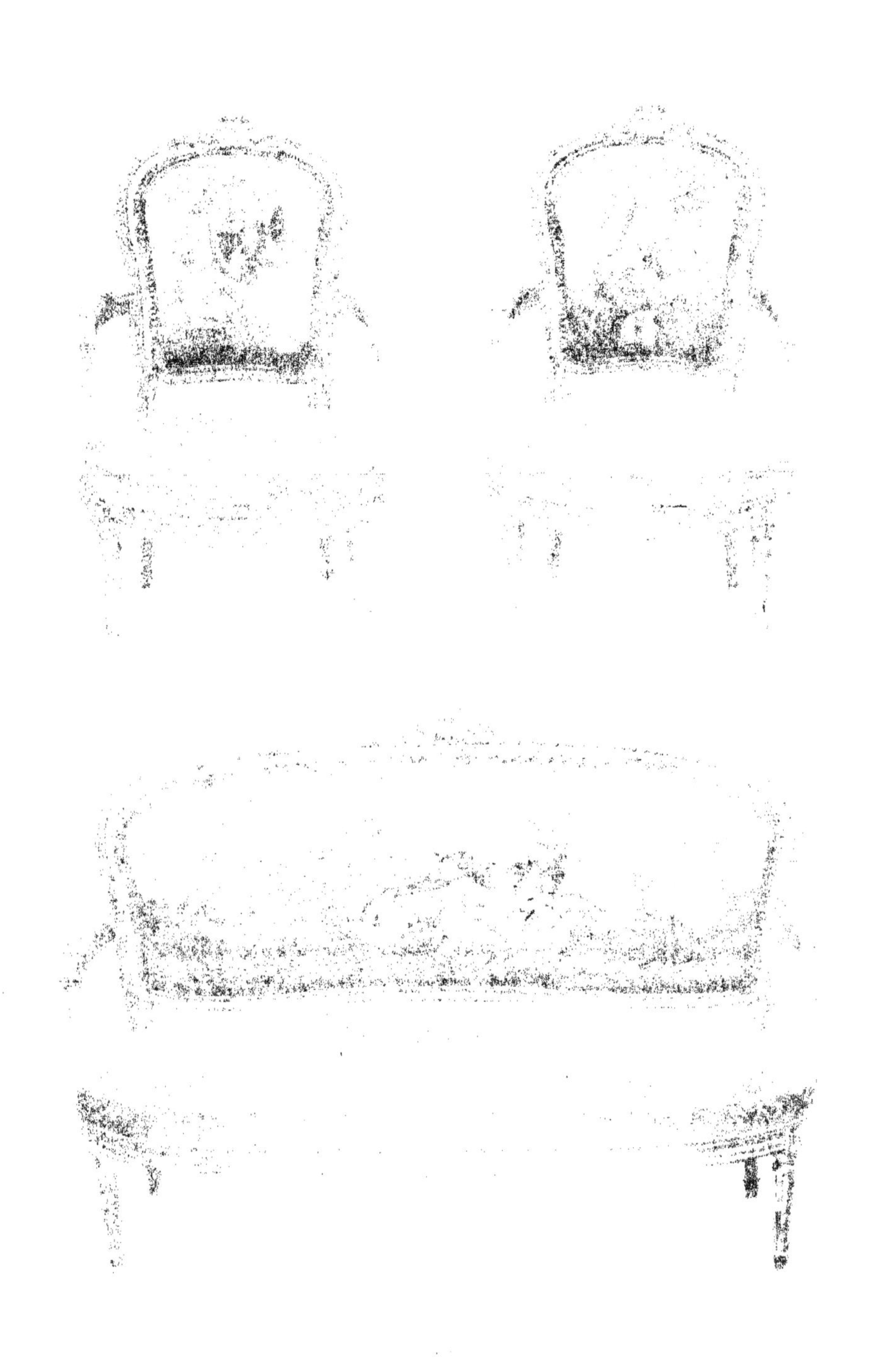

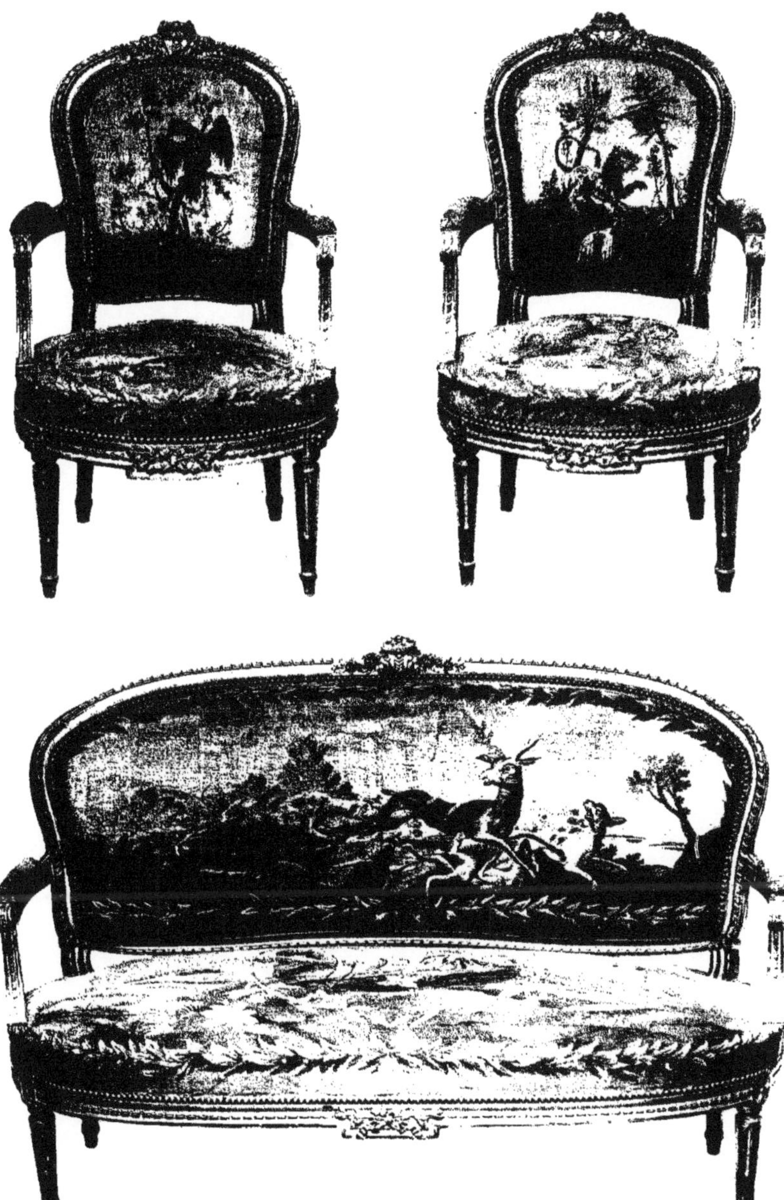

MEUBLES

236 — Console en bois sculpté et redoré, à décor de quadrillés et palmettes, sur quatre pieds reliés par un croisillon. Dessus de marbre. Époque Régence.

237 — Glace à fronton, dans un cadre en bois redoré et glacé. Décor de palmettes, volutes et fleurs. Époque Régence.

238 — Commode à trois rangs de tiroirs en bois de placage, à filets de cuivre, garniture de bronzes. Époque Régence.

239 — Armoire en bois sculpté, décorée d'armoiries, de quadrillés et de palmettes. Époque Régence.

240 — Encoignure à une porte en marqueterie de bois de couleur, à décor de rinceaux fleuris; chutes et sabots en bronze doré. Dessus de marbre. Époque Louis XV.

241 — Commode à deux tiroirs en marqueterie de bois de couleur, à décor de fleurs dans un médaillon. Garniture de bronzes dorés. Dessus de marbre. Fin de l'époque Louis XV.

242 — Canapé, deux fauteuils et quatre chaises en bois doré, couverts en tapisserie du temps de Louis XVI, à sujets tirés des *Fables de La Fontaine*, sur fond clair encadré de branchages.

243 — Bureau à dos d'âne en bois de placage à carrelages; garniture de bronzes dorés. Époque
Louis XV.

244 — Petite table-coiffeuse en marqueterie de bois
de couleur, à fleurs et rubans. Époque Louis XVI.

245 — Écran en bois noir, feuille en tapisserie au
point : vase de fleurs sur fond clair. XVIIIᵉ siècle.

246 — Glace dans un cadre en bois doré, à fronton
formé de cornes d'abondance. Fin du XVIIIᵉ
siècle.

247 — Table de nuit en bois de placage, garnie de
bronzes.

248 — Table-bureau en bois de placage, garnie de
bronzes, contenant trois tiroirs.

249 — Table ovale en marqueterie de bois de couleur à quadrillés, contenant un tiroir et munie
d'une tablette d'entrejambes.

250 — Vitrine à une porte en bois de placage,
garnie de bronze dorés. Dessus de marbre.

251 — Table rectangulaire en bois de placage,
ornée de guirlandes et bas-reliefs en bronze doré.
Dessus de marbre vert de mer.

www.ingramcontent.com/pod-product-compliance
Ingram Content Group UK Ltd.
Pitfield, Milton Keynes, MK11 3LW, UK
UKHW031801170726
13836UKWH00003B/1116